GU00976499

ANANDA K. COOMARASWAMY

VIDA
Y LEYENDAS
DE BUDDHA

Traducción
de
Esteve Serra

LOS PEQUEÑOS LIBROS DE LA SABIDURÍA

El contenido de este libro forma el capítulo V
de la obra de A. K. Coomaraswamy y Sister Nivedita
Myths of the Hindus and Buddhists, publicada en Londres en 1913.

© 2000, para la presente edición,

José J. de Olañeta, Editor
Apartado 296 - 07080 Palma de Mallorca

ISBN: 84-7651-880-3
Depósito Legal: B-36.899-2000
Impreso en Liberdúplex, S.L. - Barcelona
Printed in Spain

El fundamento histórico

Podríamos decir que la historia de Buddha no es un mito. Es cierto que de la leyenda de Buddha, lo mismo que de la historia de Cristo, se puede extraer un núcleo de hechos históricos. La erudición oriental ha llevado a cabo con éxito esta tarea durante el último medio siglo, y también ha expuesto claramente la doctrina de Buddha. No obstante, aquí vamos a ocuparnos del conjunto de la historia mítica de Buddha, tal como la relatan diversas obras que no son históricas en sentido estricto, pero que poseen un notable valor literario y espiritual. Pero antes de proceder a exponer el mito de Buddha, será útil resumir brevemente su núcleo histórico, en la medida en que podemos determinarlo, y explicar un poco las doctrinas del Maestro.

La vida de Buddha

En el siglo V a.C. los invasores arios de la India ya se habían extendido por las llanuras de más allá del Punjâb y se habían establecido en aldeas y pequeños reinos a lo largo del valle del Ganges. Una de las tribus arias, los Shâkyas, se estableció en Kapilavastu, a unas cien millas al nordeste de la ciudad de Benarés y a unas treinta o cuarenta millas al sur del Himalaya. Eran un pueblo de agricultores, cuya subsistencia se basaba sobre todo en el arroz y el ganado. El *râja* de los Shakyas era Suddhodana, que estaba casado con las dos hijas del *râja* de una tribu vecina, los Kolis. Ninguna de las dos tuvo hijos hasta que, a los cuarenta y cinco años (hacia el 563 a.C.), la mayor fue madre de un niño, y murió siete días después de dar a luz. El nombre de familia del niño era Gautama, y más adelante recibió el nombre de Siddhârtha. Gautama pronto se casó con su prima Yashodharâ, hija del *râja* de Koli, y vivió felizmente con ella, libre de preocupaciones y necesidades. Cuando tenía veintinueve años, y a consecuencia de cuatro visiones —de la vejez, la enfermedad, la muerte y, finalmente, de un digno retiro del mundo—, o de un modo más normal, el problema del sufrimiento se le hizo presente de forma súbita y dramática. Sin poder abandonar la idea de lo inseguro de toda felicidad y lleno de dolor por el sufrimiento de los demás, fue sintiendo una inquietud y una insatisfacción con la vanidad de la vida cada vez mayores; y cuando, al cabo de diez años de matrimonio, le nació un hijo, sólo sintió que aquello era un lazo más que había que romper antes de poder dejar aquel mundo protegido y buscar una solución para los profundos problemas de la vida y una vía para escapar del sufrimiento que parecía asociarse inevitablemente con la existencia.

Aquella misma noche, mientras todos dormían, abandonó el palacio llevando consigo sólo su caballo y acompañado únicamente por su auriga, Channa. Había esperado poder tomar a su hijo en sus brazos por última vez, pero, al encontrarlo durmiendo junto con Yashodharâ, tuvo miedo de despertar a la madre y, así, se alejó para siempre de aquellos a los que más amaba para convertirse en un vagabundo sin hogar. ¡En verdad, son el peligro y las dificultades, y no la seguridad o la felicidad, los que empujan a los hombres a las grandes empresas!

Gautama se unió sucesivamente a varios ermitaños brahmanes de Râjagriha, en las montañas de

Vindhya. Después, insatisfecho con sus enseñanzas, se esforzó en alcanzar poderes y discernimiento sobrehumanos por medio de la penitencia solitaria en el bosque, a la manera de los ascetas brahmanes. Pero, tras soportar las más severas privaciones y practicar la automortificación con la mayor determinación durante un largo período, se encontró con que seguía lejos de la iluminación, aunque adquirió una gran reputación de santo. Entonces abandonó ese tipo de vida y volvió a tomar alimento con regularidad; sacrificó su reputación, y sus discípulos lo abandonaron.

La tentación

En esa época de soledad y fracaso le llegó la gran tentación, que, según la descripción simbólica, le presentó Mâra, el maligno, en forma de tentaciones y ataques materiales. Pero Gautama salió victorioso de la prueba. Se fue vagando por las orillas del río Nairanjara y se sentó bajo un árbol de la Bodhi (*Ficus religiosa*); allí recibió una comida sencilla de manos de Sujâta, hija de un hombre del pueblo vecino, que al principio lo tomó por una deidad silvestre. Permaneció allí sentado todo el día, todavía asaltado por las dudas y la tentación de volver a su casa. Pero, a medida que transcurría el día, su mente parecía volverse cada vez más lúcida, sus dudas desaparecieron y le llenó una gran paz al tiempo que se le hacía evidente el sentido de todas las cosas. Y pasaron el día y la noche hasta que, al amanecer, llegó el conocimiento perfecto. Gautama se convirtió en Buddha, el iluminado.

Junto con la perfecta iluminación, embargó a Buddha una sensación de gran aislamiento; ¿cómo sería posible compartir esta sabiduría con hombres menos sabios y menos decididos que él? ¿Tenía alguna posibilidad de convencer a nadie de la verdad de una doctrina de salvación basada en el autodominio y el amor, sin el apoyo de los rituales y teologías en que los hombres, en todas partes y en todas las épocas, confiaban? Esta sensación de aislamiento es común a todos los grandes hombres; pero el amor y la compasión por la humanidad decidieron a Buddha a predicar la verdad que había visto, aceptando el riesgo de la incomprensión o el fracaso. Por consiguiente, Buddha se dirigió a Benarés para «hacer girar la rueda de la Ley», es decir, poner en movimiento la rueda del carro de un imperio universal de la verdad y la justicia. Se estableció en el «Parque de los ciervos», cerca de Benarés, y aunque al principio su doctrina no fue bien recibida, poco después era aceptada por sus antiguos discípulos y por muchos otros. Algunos se convirtieron en sus seguidores personales; otros serían discípulos laicos sin abandonar la vida de familia. Entre los que aceptaron sus enseñanzas se contaban su padre y su madre, su esposa y su hijo. Después de ejercer su ministerio durante cuarenta y cinco años, durante los cuales predicó las nuevas doctrinas en Kapilavastu y en los estados vecinos, y estableció una orden de monjes budistas y también, aunque con renuencia, una orden de monjas, Buddha falleció, o entró en el Nirvâna (hacia el año 483 a.C.), rodeado por sus afligidos discípulos.

La enseñanza de Buddha

Si bien sabemos relativamente poco acerca de la vida de Buddha, tenemos por otra parte un conocimiento fiable de su enseñanza. Las concepciones sobre la personalidad del propio Buddha han cambiado, pero la substancia de su enseñanza se ha conservado intacta desde el 250 a. C., y tenemos todas las razones para creer que las obras que en aquel momento se aceptaron como canónicas incluyen la parte esencial de su doctrina.

Ante todo es necesario comprender que, aunque fuese un reformador y quizá, desde un punto de vista sacerdotal, un hereje (si se puede utilizar esta palabra en relación con un sistema que permitía una absoluta libertad de especulación), Buddha se educó, vivió y murió como hindú. Su sistema, ya se trate de doctrina o de ética, tenía poco de original o de susceptible de enajenarle el apoyo y la simpatía de los mejores brahmanes, muchos de los cuales se convirtieron en discípulos suyos. El éxito de su sistema se debió a varias causas: la personalidad maravillosa y la dulce moderación del hombre mismo, su valiente y constante insistencia en unos pocos principios fundamentales, y el modo en que hizo accesible su enseñanza a todos sin considerar aristocracias de nacimiento o de intelecto.

La idea de la impermanencia, de la inevitable conexión entre el dolor y la vida y entre la vida y el deseo, la doctrina del renacimiento, del *karma* (todo hombre debe recoger lo que ha sembrado), y una compleja psicología formal, todo esto pertenece a la atmósfera intelectual de la época de Buddha. El punto en que difería más profundamente de los brahmanes era su negación del alma, de cualquier entidad duradera en el hombre fuera de las asociaciones temporales que producen la ilusión de la persona, del *ego*.

Pero incluso esta diferencia es más aparente que real, y en épocas posteriores vemos que resulta casi imposible distinguir entre el «Vacío» budista y el «Sí» brahmánico. Pues la característica distintiva de cada uno de ellos es la ausencia de toda característica; ambos son distintos del Ser y distintos del no-Ser. Incluso la palabra «Nirvâna» es común al budismo y al hinduismo, y la controversia gira en torno a si Nirvâna es equivalente a extinción o no. La cuestión en realidad es impropia, pues Nirvâna no significa otra cosa que el liberarse de las cadenas de la individualidad, al igual que el espacio encerrado en un recipiente de barro se libera de su limitación y se unifica con el espacio infinito cuando el recipiente se rompe. El que llamemos a este espacio infinito Vacío o Todo es más una cuestión de temperamento que de hecho; lo que importa es darse cuenta de que la aparente separación de cualquiera de sus porciones es temporal e irreal y es la causa de todo dolor.

Así pues, la herejía de la individualidad es la primera gran ilusión que debe abandonar todo aquel que emprenda el camino budista hacia la salvación. El deseo de mantener este yo individual ilusorio es la fuente de todo el dolor y todo el mal de nuestra experiencia. La idea de un alma o un yo es ilusoria porque, de hecho, no hay ser, sino sólo un devenir eterno. Los que están libres de estas ilusiones pueden entrar en la vía que lleva a la paz del espíritu, a la sabiduría, al Nirvâna (Liberación). De modo muy breve, esta Vía se resume en los célebres versos siguientes:

Poner fin a todos los pecados,
Alcanzar la virtud,
Purificar el corazón:
Ésta es la religión de los Buddhas.

Hasta aquí la historia. Veamos ahora qué leyendas ha tejido la imaginación popular en torno al Iluminado. Debemos empezar con su decisión de llegar a ser un Buddha, tomada en una vida muy anterior, y con sus subsiguientes encarnaciones en muchas formas, hasta que finalmente nació como el príncipe Shâkya del que hemos hablado.

Cómo Sumedha se convirtió en un Buddha predestinado

Hace cien mil generaciones, en la gran ciudad de Amara vivía un brahmán rico, docto y virtuoso. Un día se sentó a reflexionar sobre las miserias del renacimiento, la vejez y la enfermedad, y exclamó:

> ¡Hay, tiene que haber, una salida!
> ¡Es imposible que no exista!
> ¡Buscaré y encontraré la vía
> que libera de la existencia!

Por consiguiente, se retiró al Himalaya y vivió

como ermitaño en una cabaña de ramas, donde alcanzó una gran sabiduría. Mientras se hallaba en estado de trance, nació Dîpankara, El-que-ha-triunfado. Sucedió que este Buddha recorría su camino cerca de donde vivía Sumedha, y unos hombres preparaban el sendero que debían pisar sus pies. Sumedha se sumó a la tarea, y cuando el Buddha se acercó se tendió en el barro, diciendo para sí:

Si puedo tan sólo protegerlo del barro,
obtendré un gran mérito.

Mientras estaba tendido en el suelo le vino el siguiente pensamiento: «¿Por qué no habría de desembarazarme de todo el mal que queda en mí y entrar en el Nirvâna? Pero que esto no sea para mí solo; que un día pueda alcanzar la omnisciencia y conducir con seguridad a una multitud de seres en el barco de la doctrina a través del océano del renacimiento hasta la otra orilla».

Dîpankara, el omnisciente, se detuvo a su lado y proclamó ante la multitud que Sumedha, en una época futura, se convertiría en Buddha, y nombró el lugar de su nacimiento, su familia, sus discípulos y su árbol. Al oír estas palabras, la gente se alegró pensando que, si en esta vida no alcanzaban el Nirvâna, en otra vida, recibiendo la enseñanza de ese otro Buddha, volverían a tener una buena oportunidad para aprender la verdad; pues la doctrina de todos los Buddhas es la misma. Entonces toda la naturaleza mostró signos y presagios en testimonio de la empresa y la consagración de Sumedha: los árboles dieron fruto, los ríos se detuvieron, una lluvia de flores cayó del cielo y los fuegos del infierno se apagaron. «No vuelvas atrás», dijo Dîpankara. «¡Sigue adelante! ¡Avanza! Con toda certeza sabemos esto: tú serás con seguridad un Buddha». Sumedha decidió entonces satisfacer las condiciones necesarias para ser un Buddha: perfección en la limosna, en el cumplimiento de los preceptos, en la renuncia, en la sabiduría, en el valor, en la paciencia, en la verdad, en la resolución, en la buena voluntad y en la indiferencia. Para empezar, pues, a cumplir estas diez condiciones de la búsqueda, Sumedha regresó al bosque y vivió allí hasta que murió.

Después de esto renació en innumerables formas: como hombre, como *deva*[1], como animal, y en todas estas formas siguió el camino marcado. Por eso se dice que no existe ninguna partícula de la tierra en la que el Buddha no haya sacrificado su vida por el bien de las criaturas. La historia de estos renacimientos se narra en el libro de los *Jâtaka*, en el que se refieren 550 nacimientos. Entre estos, vamos a seleccionar algunos ejemplos típicos.

El elefante de seis colmillos

Hace mucho tiempo, el Buddha predestinado nació como hijo del elefante jefe de una manada de ocho mil elefantes reales que vivían cerca de un gran lago en el Himalaya. En el centro de ese lago había agua clara, y a su alrededor crecía una extensión de nenúfares blancos y de colores, y campos de arroz, de calabazas, de caña de azúcar y de plátanos; estaba rodeado por un bosquecillo de bambú y por una ca-

---

1. *Deva,* literalmente «resplandeciente», es decir, un dios, pero no el Dios Supremo.

dena de grandes montañas. En el lado nordeste del lago crecía un enorme baniano, y en el lado oeste había una inmensa cueva dorada. Durante la estación lluviosa los elefantes vivían en la cueva, y durante el tiempo caluroso se reunían bajo las ramas del baniano para gozar de la fresca sombra. Un día el Buddha predestinado, junto con sus dos esposas, fue a un bosquecillo de árboles *sâl*, y una vez allí golpeó con la cabeza un árbol; una lluvia de hojas secas, ramitas y hormigas rojas cayó del lado de barlovento, donde resultó encontrarse su esposa Chullasubhadda, mientras que una lluvia de hojas verdes y flores cayó del otro lado, donde estaba su otra esposa, Mahasubhadda. En otra ocasión, uno de los elefantes llevó un hermoso loto de siete pétalos al Buddha predestinado, y éste lo aceptó y se lo dio a Mahasubhadda. Por todas estas cosas, Chullasubhadda se sintió ofendida y llena de rencor hacia el Gran Ser. Así pues, un día en que él había preparado una ofrenda de frutos y flores y agasajaba a quinientos buddhas recluidos, Chullasubhadda también les hizo ofrendas, y rogó poder renacer como hija de un rey y llegar a ser la reina consorte del rey de Benarés a fin de tener poder para hacer que el rey enviara un cazador a herir y matar a ese elefante con una flecha envenenada. Entonces languideció y murió.

A su debido tiempo sus malvados deseos se cumplieron y se convirtió en la esposa favorita del rey de Benarés, cara y agradable a sus ojos. Ella recordó sus vidas anteriores y se dijo que ahora haría que le llevaran los colmillos del elefante. Se acostó y fingió estar muy enferma. Cuando el rey se enteró, fue a su habitación, se sentó en la cama y le preguntó: «¿Por qué languideces como una guirnalda de flores marchita y pisoteada?». Ella contestó: «Es a causa de un deseo inalcanzable». El rey inmediatamente le prometió cualquier cosa que desease. Así pues, la reina hizo reunir a todos los cazadores del reino, en total sesenta mil, y les dijo que había soñado con un magnífico elefante de seis colmillos, y que si su deseo de poseer estos colmillos no se satisfacía, ella moriría. La reina eligió a uno de los cazadores, que era un hombre rudo y repulsivo, para que hiciera el trabajo, le mostró el camino del lago donde vivía el Gran Ser y le prometió una recompensa de cinco aldeas para cuando recibiera los colmillos. Al hombre le daba mucho miedo el encargo, pero acabó consintiendo cuando la reina le dijo que también había soñado que su deseo se cumpliría. Le proporcionó armas y todo lo necesario para el viaje, así como un paracaídas de cuero para descender desde las colinas hasta el lago.

El cazador penetró más y más profundamente en la jungla del Himalaya, alejándose de los lugares frecuentados por los hombres y superando dificultades increíbles, hasta que, tras siete años, siete meses y siete días de viaje extenuante, llegó junto al baniano en que el Buddha predestinado y los demás elefantes vivían en paz y sin sospechar ningún peligro. Hizo un agujero en el suelo y, poniéndose un manto amarillo de ermitaño, se escondió en él y lo cubrió, dejando sólo un pequeño espacio para su flecha. Cuando el Gran Ser pasó por su lado le disparó la flecha envenenada, que casi le volvió loco de ira y de dolor. En el mismo momento en que iba a matar al malvado cazador, se dio cuenta de que llevaba el manto amarillo,

Emblema de santidad, hábito sacerdotal,
Y considerado inviolable por los sabios.

Al ver el manto, el elefante herido recobró el dominio de sí mismo y preguntó al cazador qué motivos tenía para matarlo. El cazador le contó la historia del sueño de la reina de Benarés. El Gran Ser comprendió muy bien de qué se trataba y consintió que el cazador tomara sus colmillos. Pero era tan grande, y el cazador tan torpe, que éste no se los pudo cortar y sólo consiguió causarle un dolor insoportable y llenarle la boca de sangre. Entonces el elefante cogió la sierra con su propia trompa, se los cortó y se los dio al cazador, diciendo: «Los colmillos de la sabiduría me son cien veces más queridos que éstos, y ojalá esta buena acción sea la razón de que alcance la omnisciencia». También dio un poder mágico al cazador para que pudiera regresar a Benarés en siete días, y después murió y fue incinerado en una pira por los otros elefantes.

El cazador llevó los colmillos a la reina y, desaprobando evidentemente la maldad de ésta ahora que conocía sus auténticos motivos, anunció que había matado al elefante contra el que la reina había albergado tanto rencor a causa de una ofensa insignificante. «¿Está muerto?», exclamó la reina; y, entregándole los colmillos, el cazador respondió: «Puedes tener la seguridad de que está muerto». La reina se puso los hermosos colmillos en el regazo y contempló esos emblemas del que había sido su amado señor en otra vida, y al contemplarlos se llenó de un dolor inconsolable, su corazón se rompió y murió aquel mismo día.

Muchas generaciones después nació en Savatthi y se hizo monja. Un día fue con otras hermanas a escuchar la doctrina de Buddha. Al observarlo, tan apacible y radiante, le vino el recuerdo de que tiempo atrás había sido su esposa, cuando él era el jefe de una manada de elefantes, y se alegró. Pero entonces se acordó también de su maldad —de cómo había sido la causa de su muerte sólo por una ofensa imaginaria— y su corazón se llenó de pena, y rompió a llorar y a sollozar ruidosamente. Entonces el Maestro sonrió y, cuando los hermanos le preguntaron por qué sonreía, él les contó esta historia, y al oírla muchos entraron en la Vía, y la propia hermana alcanzó después la santidad.

El dios del árbol

Hace mucho tiempo, cuando Brahmadatta era

rey de Benarés, se le ocurrió esta idea: «Por toda la India hay reyes cuyos palacios tienen muchas columnas; ¿y si yo construyera un palacio sostenido por una única columna? Entonces sería el primer y único rey entre todos los demás reyes». Convocó a sus artesanos y les ordenó que le construyeran un palacio magnífico sostenido por un único pilar. «Así se hará», dijeron; y partieron hacia el bosque.

Allí encontraron un árbol alto y recto, digno de ser el pilar único de tal palacio. Pero el camino era demasiado accidentado y la distancia demasiado grande para poder llevar el tronco a la ciudad, por lo que volvieron junto al rey y le preguntaron qué había que hacer. «Hacedlo como queráis», dijo, «pero traedme el tronco, y sin pérdida de tiempo». Pero ellos respondieron que no había manera de hacerlo. «Entonces», dijo el rey, «debéis escoger un árbol de mi parque».

Allí encontraron un árbol *sâl* imponente, recto y hermoso, venerado por igual por la gente del pueblo y de la ciudad y por la familia real. Se lo comunicaron al rey, y éste les dijo: «Bien, id a cortar el árbol enseguida». Pero no podían hacerlo sin antes realizar las ofrendas de costumbre al dios del árbol que vivía en él y pedirle que se fuera. Así pues, hicieron ofrendas de flores y ramas y encendieron lámparas, y dijeron al árbol: «Dentro de siete días cortaremos el árbol, por orden del rey. Que cualquier deva que pueda vivir en el árbol se marche a otra parte, y que la culpa no recaiga en nosotros».

El dios que habitaba en el árbol oyó lo que decían y se hizo la siguiente reflexión: «Estos artesanos están de acuerdo en cortar mi árbol. Yo pereceré cuando destruyan mi morada. Todos los jóvenes árboles *sâl* que hay a mi alrededor, en los que viven muchos devas de mi estirpe, también serán destruidos. Mi propia muerte no me afecta tanto como la destrucción de mis hijos, por lo que, si es posible, debo intentar salvar al menos sus vidas». Así pues, a la hora de medianoche, el dios del árbol, divinamente radiante, se presentó en la resplandeciente cámara del rey, y su gloria iluminaba toda la habitación. El rey se asustó y balbuceó: «¿Qué clase de ser eres tú, tan semejante a un dios y tan lleno de aflicción?». El príncipe deva respondió: «En tu reino, oh rey, me llaman el árbol de la fortuna; durante sesenta mil años, todos los hombres me han amado y venerado. Han construido muchas casas y muchas ciudades, y también muchos palacios, pero nunca me han hecho daño; ¡hónrame tú también, oh rey, como han hecho los demás!». Pero el rey respondió que aquel árbol era exactamente lo que necesitaba para su palacio, con su tronco tan bello, alto y recto; y en ese palacio, dijo, «vivirás largo tiempo, admirado por todos los que te vean». El dios del árbol contestó: «Si así debe ser, quiero pedirte un único favor: corta primero la copa, después la parte central y finalmente la raíz». El rey objetó que ésa era una muerte más dolorosa que ser cortado entero. «Oh señor del bosque», dijo, «¿qué ganas con que te corten miembro a miembro y pieza a pieza?». A lo que el árbol de la fortuna replicó: «Hay una buena razón para mi deseo: mi estirpe ha crecido a mi alrededor, bajo mi sombra, y yo los aplastaría si cayera entero sobre ellos, y sufrirían muchísimo».

Al oír estas palabras el rey quedó muy conmovido y se maravilló del noble pensamiento del dios del árbol. Levantando las manos a modo de salutación, dijo: «Oh árbol de la fortuna, oh señor del bosque, tal como tú querrías salvar a tu estirpe, yo te salvaré a ti; no temas nada».

Entonces el dios del árbol dio al rey algunos buenos consejos y se marchó. Y el rey, al día siguiente, dio generosas limosnas y gobernó tal como convenía a un rey hasta que llegó el momento de su partida hacia el mundo celestial.

La marca de la liebre en la luna

Hace mucho tiempo, cuando Brahmadatta era rey de Benarés, el futuro Buddha nació en forma de liebre y vivía en un bosque. Tenía tres amigos, un mono, un chacal y una nutria; todos estos animales eran muy sabios. La liebre solía predicar a los demás, exhortándoles a dar limosnas y a observar los días de ayuno. En uno de esos días de ayuno la liebre y sus amigos estaban buscando comida como de costumbre; la nutria encontró unos peces, el chacal, algo de carne, y el mono, unos mangos. Pero la liebre, mientras se encontraba en su madriguera antes de salir a comer hierba, reflexionó que, si alguien le pidiera algo que comer, la hierba no serviría; como no tenía grano ni carne, resolvió dar su propio cuerpo si alguien le pedía comida.

Pues bien, cuando en la tierra tiene lugar un hecho tan maravilloso como éste, el trono celestial de Sakra se calienta. Sakra miró abajo para ver qué ocurría y, percibiendo a la liebre, decidió probar su virtud. Adoptó la forma de un brahmán y se fue primero a la nutria para pedirle comida. La nutria le dio pescado. El chacal y el mono, a su vez, le ofrecieron carne y fruta. Sakra declinó todos estos ofrecimientos y dijo que volvería al día siguiente. Entonces acudió a la liebre, que estuvo contentísima ante la posibilidad de darse a sí misma en limosna. «Brahmán», dijo, «hoy daré una limosna como nunca he dado; recoge leña y prepara un fuego, y avísame cuando esté a punto». Cuando Sakra oyó estas palabras hizo un montón de brasas y dijo a la liebre que todo estaba a punto; entonces la liebre, que algún día sería un Buddha, llegó y se tiró de un salto al fuego, más feliz que un flamenco que se posara en un lecho de nenúfares. Pero el fuego no quemaba —parecía tan frío como el aire que hay sobre las nubes—. La liebre preguntó al disfrazado Sakra qué podía significar aquello. Sakra contestó que él en realidad no era ningún brahmán, sino que había venido del Cielo para probar la generosidad de la liebre. Ésta replicó: «Sakra, tus esfuerzos son inútiles; todas las criaturas vivientes podrían probarme una tras otra, y ninguna encontraría en mí la menor renuencia a dar».

Entonces Sakra respondió: «Sabia liebre, que tu virtud sea proclamada hasta el fin de este ciclo del mundo». Tomó una montaña, la estrujó y, sosteniendo a la liebre bajo el brazo, dibujó su contorno sobre la luna, usando como tinta el jugo de la montaña. Luego dejó a la liebre en un prado de hierba tierna en el bosque y partió hacia su cielo. Y esta es la razón por la que ahora hay una liebre en la luna.

Santusita

La última encarnacion del Buddha predestinado de esta época fue la del rey Vessantara, a cuya perfección en la limosna se dedica un largo *Jâtaka*. Tras reinar durante muchos años, el Buddha predestinado pasó al cielo de *Tusita* para esperar su nacimiento final entre los hombres. Hay que saber que un Buddha predestinado acorta en lo posible su estancia en el mundo de los dioses entre cada encarnación, aunque su mérito, naturalmente, le dé derecho a una larga residencia en el mundo divino. En efecto, podría haber alcanzado el Nirvâna desde el primer momento en que tuvo la seguridad de llegar a ser un Buddha, de no haber escogido el constante renacimiento en este mundo por el bien de las criaturas. Pero el *Bodhisattva* (el Buddha predestinado) recibe algunas compensaciones por estos sacrificios; en sí mismo el logro de la Buddheidad es un gran incentivo, una hazaña comparada a la difícil ascensión de un hombre a la punta de un árbol para coger su fruto. Además, un Bodhisattva nunca nace en un infierno ni en una forma degradada o deforme. Por encima de todo, el dolor del sacrificio constante es superado por el gozo de contar con la grandeza de la recompensa, la facultad de poder iluminar a otros seres.

Cuando nace en uno de los cielos, el Buddha predestinado puede ejercer a voluntad su peculiar poder de encarnación; se acuesta en un lecho y «muere», y renace en la tierra en el lugar y modo que él decide. Antes de su última encarnación, y contrariamente a la costumbre, el Buddha predestinado permaneció durante largo tiempo en el cielo de *Tusita*, donde era conocido como Santusita; y cuando finalmente los devas se dieron cuenta de que estaba a punto de volver a nacer, se reunieron a su alrededor para congratularse de ello. Desapareció de allí y fue concebido en el vientre de Mahâmâyâ, esposa de Suddhodana, el rey Shâkya de Kapilavastu. Su concepción fue milagrosa y tuvo lugar en un sueño. Mahâmâyâ fue transportada por los devas de las cuatro partes del mundo al Himalaya, y allí las cuatro reinas la bañaron y la purificaron ceremonialmente. Entonces el Bodhisattva se le apareció, como una nube iluminada por la luna, procedente del norte, y sosteniendo un loto en la mano, o, como algunos dicen, en la forma de un elefante blanco. Esta aparición se acercó a la reina y dio tres vueltas a su alrededor; en aquel momento, Santusita, que había seguido el curso del sueño, desapareció de la presencia de los devas y entró en el vientre de Mahâmâyâ. En ese momento tuvieron lugar grandes maravillas: las diez mil esferas vibraron al unísono, los fuegos del infierno se apagaron, los instrumentos de música sonaron sin que nadie los tocara, el fluir de los ríos

cesó (como para detenerse a contemplar el Bodhisattva), y los árboles y hierbas florecieron, e incluso
las vigas de madera seca echaron flores de loto.

Al día siguiente, el sueño de la reina fue interpre-
tado por sesenta y cuatro brahmanes, que anunciaron
que tendría un hijo que sería o bien un Emperador
Universal, o bien un Buddha Supremo. Durante
nueve meses Mahâmâyâ estuvo guardada por los devas de las cuatro partes del mundo y por cuarenta mil
devas de otros mundos. Mientras tanto su cuerpo era
transparente, de modo que el niño podía verse claramente, como una imagen encerrada en un cofre de
cristal. Al término de los diez meses lunares Mahâmâyâ partió a visitar a sus padres en una litera de oro.
Por el camino se detuvo a descansar en un jardín de
árboles *sâl* llamado Lumbini; y mientras descansaba
en aquel lugar nació Buddha, sin dolor ni sufrimiento. El niño fue recibido por Brahmâ, a continuación por los cuatro devas, y después por los nobles
que acompañaban a la reina; pero inmediatamente
caminó por el suelo, y en el punto que primero toca-
ron sus pies brotó un loto. Aquel mismo día nacieron
Yashodharâ Devî, que después se convertiría en su es-

posa, el caballo Kantaka, con el que huyó de la ciudad cuando partió en busca de la sabiduría, su auriga, Channa, que le acompañó en aquella ocasión, Ânanda, su discípulo favorito, y el árbol de la Bodhi bajo el cual alcanzó la iluminación.

La protección de Siddhârtha

Cinco días después de su nacimiento el joven príncipe recibió el nombre de Siddhârtha, y al séptimo día murió su madre. Cuando tuvo doce años, el rey pidió consejo a sus brahmanes, quienes le informaron de que el príncipe se haría asceta a consecuencia de haber visto la vejez, la enfermedad, la muerte y un ermitaño. El rey deseaba evitar que esto ocurriera y se dijo a sí mismo: «No deseo que mi hijo se convierta en un Buddha, pues con ello estará expuesto a un gran peligro a causa de los ataques de Mâra; prefiero que sea Emperador Universal». El rey, por consiguiente, tomó todas las precauciones posibles para mantenerlo alejado de los «cuatro signos» e hizo construir tres palacios bien guardados, en los que abundaban toda clase de delicias, y en los que la pena y la muerte ni siquiera podían ser mencionadas.

El *râja*, además, pensó que una manera segura de atar al príncipe a su condición real sería encontrarle una esposa. Con el fin de descubrir secretamente alguna princesa que pudiera despertar su amor, el rey hizo confeccionar varias joyas espléndidas, y anunció que un día determinado el príncipe las donaría una a una a las nobles damas del país. Cuando todos los regalos se habían entregado, apareció otra dama, cuyo nombre era Yashodharâ, hija del ministro Mahânâma. Le preguntó al príncipe si tenía algún regalo para ella, y él, cuya mirada se encontró con la de ella, le dio su valioso anillo con su sello. El rey fue debidamente informado del intercambio de miradas y mandó a pedir a Mahânâma que le concediera la mano de su hija para Siddhârtha. Pero entre los nobles Shâkya existía la norma de que las doncellas más hermosas sólo podían ser entregadas a los que resultaran victoriosos en los ejercicios marciales. «Y me temo», dijo, «que este príncipe, tan delicadamente criado, no será experto en el tiro al arco y en la lucha». Con todo, se fijó el día para la prueba y los jóvenes nobles acudieron junto con el príncipe para competir por la mano de Yashodharâ. Primero hubo una competición de conocimientos literarios y matemáticos, y después de tiro con arco. Todos los jóvenes nobles hicieron un buen papel; pero el príncipe, que utilizó un arco sagrado procedente de la época de su abuelo, que nadie más había conseguido tensar y mucho menos disparar con él, los superó fácilmente, y excelió sucesivamente en equitación, esgrima y lucha. Así consiguió a Yashodharâ, y vivió con ella en el hermoso palacio construido por su padre, protegido de todo conocimiento del sufrimiento y la muerte. Alrededor del palacio había un gran jardín con una triple muralla, y cada muralla tenía una sola puerta, bien guardada por muchos soldados.

Mientras tanto, los devas pensaron que el tiempo pasaba, y que el Gran Ser no debía seguir estando ocioso entre los placeres del palacio, sino que tenía que emprender su misión. Por lo tanto llenaron el espacio con este pensamiento: «Es hora de actuar», de modo que llegase a la mente del príncipe; y al mismo tiempo la música de los cantores y los gestos de los danzantes tomaron un nuevo significado, y parecían no hablar ya de deleites sensuales, sino de la impermanencia y vanidad de todo objeto del deseo. Las canciones de los músicos parecían invitar al príncipe a salir del palacio para ver el mundo; así pues, Siddhârtha mandó llamar al auriga y le anunció que deseaba visitar la ciudad. Cuando el *râja* se enteró, ordenó que barrieran y adornaran la ciudad y la prepararan para la visita del príncipe, y que no fuese visible ninguna persona vieja o enferma, ni ningún objeto de mal auspicio. Pero todas estas precauciones fueron en vano, porque, mientras circulaba por las calles, un deva apareció ante él en la forma de un anciano tambaleante, inclinado bajo el peso de la edad y la enfermedad, falto de aliento y arrugado. El príncipe preguntó por el significado de esa extraña visión, y su auriga le contestó: «Esto es un viejo». El príncipe volvió a preguntar: «¿Qué significa esta palabra, "viejo"?», y el auriga le explicó que el vigor corporal del hombre se había deteriorado con la edad avanzada, y que se podía morir en cualquier momento. Entonces el príncipe volvió a preguntar: «¿Es este hombre un caso único, o este destino aguarda a todos por igual, y también yo debo volverme viejo?».

Y cuando le informaron de que así era, no quiso ver nada más aquel día y regresó al palacio para meditar sobre una cosa tan extraña y reflexionar sobre si había algún modo de escapar de ello.

Otro día el príncipe volvió a salir y, de la misma manera, vio a un hombre muy enfermo; y otro día contempló un cadáver. «¿También yo debo morir?», preguntó, y le informaron de que así era. En otra ocasión el príncipe salió y vio a un monje mendicante y conversó con él; el yogui le explicó que había abandonado el mundo en busca de la ecuanimidad, para acabar con el odio y el amor y conseguir la libertad. El príncipe quedó profundamente impresionado y veneró al mendicante errante. Al regresar a casa pidió permiso a su padre para marcharse solo del mismo modo que el monje porque, dijo: «Todas las cosas del mundo, oh rey, son cambiantes e impermanentes». El anciano rey quedó estupefacto y no pudo evitar llorar amargamente; y cuando el príncipe se retiró redobló la guardia en torno al palacio y las delicias en su interior, y toda la ciudad trató de impedir que el príncipe se marchara de casa.

La partida de Siddhârtha

Por aquellos días Yashodharâ dio un hijo al príncipe Siddhârtha, y el niño fue llamado Râhula. Pero ni siquiera este nuevo vínculo pudo disuadir al príncipe de su propósito, y llegó una noche en que los devas le exhortaron a partir. Contempló por última vez a Yashodhâra, que dormía con una mano apoyada en la cabeza del niño, por lo que no pudo siquiera tomar a éste en sus brazos por miedo a despertarla. Despidiéndose de ambos, levantó la malla enjoyada que separaba la cámara de la sala exterior y, pasando despacio por las habitaciones exteriores, se detuvo en la puerta del este, e invocó a todos los Buddhas y levantó la cabeza para contemplar el cielo con sus innumerables estrellas. Entonces Sakra y los devas guardianes de las cuatro partes del mundo, junto con innumerables devas de los cielos, le rodearon y cantaron: «Santo príncipe, ha llegado el momento de buscar la Ley Suprema de la Vida». Él pensó: «Ahora todos los devas han descendido a la tierra para confirmar mi resolución. Iré: ha llegado el momento». Entonces mandó a buscar a Channa, su auriga, y a su caballo, que habían nacido el mismo día que él. Channa trajo el caballo, espléndidamente enjaezado, que relinchó de alegría; y el príncipe montó en él, haciendo el voto de que sería la última vez que lo hacía. Los devas levantaron del suelo los pies de Kantaka para que no hiciera ruido, y cuando llegaron a las puertas, éstas se abrieron solas silenciosamente. Así el príncipe Siddhârtha se fue del palacio y de la ciudad, seguido por multitudes de ángeles que iluminaban el camino y esparcían flores ante él.

Channa no cesó de intentar disuadir al príncipe de su propósito, rogándole que se convirtiera en Emperador Universal. Pero el príncipe sabía que alcanzaría la Iluminación Perfecta, y habría preferido morir a volver atrás. Desmontó de Kantaka por última vez y ordenó a Channa que lo llevara a casa. A través de él también envió un mensaje a su padre diciéndole que no se apenara, sino que debía alegrarse porque su hijo había partido en busca de un medio de salvar al mundo del ciclo incesante de nacimientos y muertes, de la pena y el dolor. «Ahora me he liberado», dijo, «del amor debido sólo a los familiares; toma el caballo Kantaka y parte». Tras mucho discutir, Channa cedió, y besó los pies del príncipe, y Kantaka los lamió, y ambos partieron.

Poco después el príncipe, siguiendo su camino, se encontró con un cazador y le dio sus ropas reales a cambio de unos harapos, más adecuados para un eremita. Este cazador era otro deva que había tomado aquella forma con ese objeto. Otro deva se convirtió en barbero y afeitó la cabeza del príncipe. Éste prosiguió su camino hasta llegar al eremitorio de una comunidad de brahmanes, que lo acogieron con reverencia, y se hizo discípulo de uno de los más doctos. Pero se dio cuenta de que, si bien sus sistemas podían llevar al Cielo, no proporcionaban ningún medio para alcanzar la liberación final del renacimiento en la tierra o incluso en el infierno.

«¡Oh mundo infeliz», dijo, «que odias al demonio Muerte y sin embargo buscas renacer en el Cielo! ¡Qué ignorancia! ¡Qué engaño!».

Las peregrinaciones de Siddhârtha

Así pues, abandonó el eremitorio, con gran dolor y desilusión de los yoguis que allí vivían, y se dirigió a casa de un famoso sabio llamado Alara. Su sistema también resultó ser incompleto, y el príncipe se marchó, diciendo: «Busco un sistema en el que no se discuta sobre la existencia o la no-existencia, la eternidad o la no-eternidad, y en el que la idea de lo ilimitado y lo ilimitable se realice, pero sin que se hable de ello». Desde la morada de Alara se dirigió a Râjagriha, donde fue recibido por el rey Bimbisara. Este rey se esforzó en persuadir al príncipe de que abandonara su vida errante; pero éste no quería ni oír hablar de ello y siguió su camino hasta una aldea próxima a Gayâ. Allí estableció su morada en un bosque cercano, sin comer en todo el día más que un puñado de mijo, lo suficiente para mantenerlo en vida. Su piel se arrugó, su carne desapareció y se le hundieron los ojos; todos los que le veían tenían un extraño sentimiento de temor y reverencia a causa de estas austeridades.

Durante todos estos años, su padre, Suddhodana, le enviaba mensajeros de vez en cuando rogándole que regresara y presentándole toda clase de argumentos y alicientes. También llegaron a Gayâ, cuando el príncipe se hallaba al borde de la muerte;

pero éste no quiso escucharles y les ordenó que, si moría antes de alcanzar la Iluminación Perfecta, llevaran sus huesos a Kapilavastu y dijeran: «Éstas son las reliquias de un hombre que murió en la firme prosecución de su propósito».

Pero el príncipe vio que estas austeridades no servían de nada, y que incluso experimentaba menos que antes la iluminación de la sabiduría. Por consiguiente, decidió alimentar su cuerpo, y aceptó alimentos y cuidados. Se cuenta en particular la historia de una tal Sujâta, hija de un señor del pueblo, que, advertida por un ángel, preparó comida de la siguiente manera: reunió mil vacas, y con su leche alimentó a otras quinientas, y con la de éstas alimentó a doscientas cincuenta, y así sucesivamente hasta llegar a quince vacas; luego, mezclando la leche de éstas con arroz, preparó un plato de la mayor pureza y delicadeza. Cuando el Bodhisattva llegó al pueblo para pedir comida, le ofreció este arroz con leche en un plato de oro, y a él le pareció un buen augurio. Cogió la comida, salió del pueblo y se bañó en un río; habría pasado al otro lado, pero la corriente lo arrastró y, de no ser por un deva que habitaba en un gran árbol de la otra orilla, que alargó su enjoyado brazo y lo llevó a tierra, se habría ahogado. Sea como fuere, llegó a la orilla y se sentó a tomar su comida, tras lo cual arrojó el plato de oro al río, donde lo atrapó un nâga, o serpiente, que se lo llevó a su palacio. Pero Sakra, tomando la forma de un garuda[2], lo arrebató de las manos del nâga y lo llevó a los cielos de *Tusita*.

Mientras tanto el Bodhisattva se dirigió hacia el Árbol de la Sabiduría, bajo el cual los Buddhas anteriores habían alcanzado la iluminación. Mientras caminaba por el sendero del bosque, centenares de martines pescadores se le acercaron y, después de dar tres vueltas a su alrededor, le siguieron; tras ellos iban quinientos pavos reales y otras aves y bestias; de modo que siguió caminando hacia el Árbol de la Sabiduría rodeado de devas, nâgas, asuras y criaturas de todas clases.

Un rey nâga que vivía cerca del sendero y era muy anciano cantó su alabanza, pues había visto a más de uno de los Buddhas anteriores que habían

---

2. Ave mítica, enemiga tradicional de las serpientes.

pasado por aquel camino; y su esposa, junto con innumerables muchachas serpientes, le dio la bienvenida con banderas y flores y ornamentos de joyas, cantando un perpetuo himno de alabanza.

Los devas de los Mundos de la Forma colgaron banderas y estandartes en el Árbol de la Sabiduría y en los árboles que llevaban a él, para que el Bodhisattva encontrara fácilmente el camino. Mientras andaba, éste pensó que, no sólo esa multitud de seres amigos, sino también Mâra, el maligno, debía ser testigo de su victoria; y este pensamiento, como un rayo de gloria surgido de su frente, penetró en la morada de Mâra y le llevó sueños y presagios. Y un mensajero llegó apresuradamente hasta Mâra, avisándole de que el Bodhisattva se estaba acercando al Árbol de la Sabiduría. Entonces Mâra reunió a su ejército. ¡Qué horrible visión! Había algunos con cien mil bocas, otros con cabezas, manos, ojos o pies deformes, otros con lenguas de fuego, otros que devoraban serpientes, otros que bebían sangre, otros con grandes vientres y piernas arqueadas, y todos iban con lanzas, arcos, mazas y armas y armaduras de todas clases. Todos éstos partieron hacia el Árbol de la Sabiduría.

El Árbol de la Sabiduría

El Bodhisattva, sin embargo, se acercó al árbol, que brillaba como una montaña de oro puro, y se sentó en su lado este, haciendo el voto de que no se levantaría de allí hasta haber alcanzado la iluminación. Entonces la tierra tembló seis veces. En aquel momento, Mâra tomó la forma de un mensajero que venía a toda prisa de Kapilavastu con la noticia de que Devadatta, el primo de Buddha, había usurpado el gobierno y estaba cometiendo toda clase de crueldades y actos tiránicos, y con el ruego de que el Bodhisattva regresara para restaurar el buen gobierno y el orden. Pero él reflexionó que Devadatta actuaba de este modo por codicia y malicia y que los príncipes Shâkya lo permitían sólo por cobardía, y meditando de este modo sobre la debilidad humana, el Bodhisattva se sintió más decidido que nunca a alcanzar algo más elevado y mejor.

Mientras tanto la deva del Árbol de la Sabiduría se alegró, arrojó sus joyas a los pies del Bodhisattva y le rogó que perseverara. Los devas de otros árboles acudieron a preguntarle quién era el ser glorioso que estaba allí sentado; y cuando ella les informó de que era el Bodhisattva le arrojaron flores y perfumes por encima, y le exhortaron con palabras y cantos a seguir adelante. Entonces Mâra ordenó a sus tres hermosas hijas que tentaran al Bodhisattva de todas las maneras posibles, y ellas fueron a cantar y danzar delante de él. Intentaron seducirlo con canciones, danzas y todos los artificios del amor, pero él permaneció con el rostro y la mente imperturbables, como un lirio que reposa en aguas tranquilas, y firme como el monte Meru, como los muros de hierro que circundan el universo. Después se pusieron a describirle los placeres y los deberes de la vida mundana, y las dificultades y el peligro que entraña la búsqueda de la sabiduría; pero él respondió:

El placer es breve como el fulgor de un
relámpago.
¿Por qué, entonces, debería desear los placeres
que describís?

Y las hijas de Mâra, reconociendo su fracaso, se alejaron de él con una plegaria por su éxito:

¡Que puedas obtener lo que tu corazón desea!
Y que, encontrando la liberación para ti mismo,
liberes a todos.

La derrota de Mâra

Entonces el propio Mâra empezó a exponer sus argumentos; y cuando también él fracasó, lanzó al ataque a su ejército de demonios. Todos los devas fueron presas del terror y dejaron solo al Bodhisattva. El horrible ejército, de formas, especies y colores de todo tipo, lanzando toda clase de sonidos espantosos, llenando el aire de oscuridad y haciendo temblar el suelo, avanzó con gestos amenazadores hacia el Bodhisattva. Pero las lanzas de los guerreros se pegaron a sus manos, sus miembros se paralizaron y, aunque de buen grado lo habrían pulverizado o quemado con sus lenguas de fuego, no pudieron tocarle siquiera un cabello; él permaneció sentado inmóvil, mientras las armas que llovían sobre él caían a sus pies como flores. Mâra agotó todos sus recursos y, cuando todos hubieron fracasado, tomó su terrible disco y, montando en el elefante Montaña de Nubes, se acercó al príncipe. Aquella arma, si se lanzara contra el monte Meru, lo partiría en dos como si fuese una caña de bambú; si se lanzara hacia el cielo, impediría que lloviese durante doce años; y sin embargo se negó a tocar al Bodhisattva, sino que flotó por el aire como una hoja seca y permaneció sobre su cabeza como una guirnalda de flores en el aire. Entonces Mâra se enfureció como un fuego al que arrojaran aceite una y otra vez, se acercó al príncipe y le ordenó: «¡Vete!». Pero él contestó: «Este trono es mío en virtud del mérito que he adquirido a lo largo de muchas edades remotas. ¿Cómo puedes poseerlo tú, que no tienes ningún mérito?». Entonces Mâra dijo jactándose: «Mi mérito es más grande que el tuyo», y llamó a su ejército para que diera testimonio de ello, y todos sus guerreros gritaron: «¡Damos testimonio!», con lo que un ruido como el fragor del océano se elevó hasta el mismo cielo. Pero el Bodhisattva replicó: «Tus testigos son muchos y parciales; yo tengo un testigo único e imparcial»; y sacó la mano de debajo de su manto, como un relámpago de una nube anaranjada, y tocó la tierra y le requirió que diera testimonio de su mérito. Entonces la Diosa de la Tierra surgió a sus pies y exclamó con cien mil voces como el sonido de un tambor cósmico: «Doy testimonio»; y el ejército de Mâra huyó y volvió al infierno como hojas que dispersa el viento. Montaña de Nubes enroscó la trompa y con el rabo entre las piernas salió huyendo. El propio Mâra cayó prosternado y renonoció el poder del Bodhisattva, y sólo se levantó para huir corriendo para ocultar su vergüenza; pues su ánimo estaba lleno de dolor porque sabía que todos sus esfuerzos habían fracasado y que el príncipe pronto obtendría la iluminación y predicaría la verdad gracias a la cual miles de criaturas alcanzarían el Nirvâna.

El Iluminado Perfecto

El sol aún no se había puesto cuando Mâra fue derrotado. Buddha permaneció sentado bajo el Árbol de la Sabiduría. Gradualmente, durante la noche, la iluminación que había buscado fue manifestándose en su corazón: en la hora décima percibió la condición exacta de todos los seres que han existido en los mundos infinitos y eternos; en la hora vigésima obtuvo la percepción divina con la que todas las cosas, próximas o lejanas, aparecían como si estuviesen al alcance de la mano. Después obtuvo el conocimiento que revela las causas de la repetición de la existencia; luego los privilegios de los cuatro caminos y su goce; y al amanecer se convirtió en un Buddha Supremo, el Perfectamente Iluminado. Rayos de seis colores que surgían de su cuerpo resplandeciente se propagaron en todas direcciones y penetraron hasta los límites más lejanos del espacio, anunciando la obtención del estado de Buddha. Ni siquiera cien mil lenguas podrían proclamar los prodigios que inmediatamente se manifestaron.

Entonces el propio Buddha proclamó su victoria en un canto de triunfo:

Por muchos y diversos nacimientos he pasado
Buscando en vano al constructor de la casa.

¡Ah artífice de la casa, ahora te he visto!
Nunca más volverás a construirme una casa.
He roto tus cabrios,
He destruido el andamiaje.

Mi mente se ha liberado;
El deseo se ha extinguido.

Buddha permaneció siete días en meditación; durante siete días más fijó su mirada en el Árbol de la Sabiduría; a continuación caminó durante siete días, inmerso en sus pensamientos, sobre un deambulatorio de oro preparado por los devas; después se sentó durante siete días en un palacio de oro, donde tuvo conocimiento de todos los hechos del resto de su vida y donde vio claramente en su mente todo el *dharma*, desde la primera hasta la última palabra de su enseñanza; durante la quinta semana permaneció sentado bajo el árbol Ajapâla y experimentó el desapego (Nirvâna); durante la sexta semana estuvo sentado junto al lago Muchalinda, donde un nâga del mismo nombre le protegió de las tormentas de lluvia; y la séptima semana estuvo sentado en un bosquecillo de árboles Nyagrodha.

Los mercaderes

Habían transcurrido cuarenta y nueve días desde

que recibió el arroz con leche de Sujâta. Sucedió que dos mercaderes atravesaban el bosque con su caravana. Durante muchos siglos y en muchas vidas habían deseado tener la oportunidad de hacer ofrendas a un Buddha. En el mismo bosque había una devî —de hecho, una dríade— que antaño había sido pariente suya; ahora, para que se cumpliera su deseo, hizo que las ruedas de los carros se encallaran en el barro del camino. Los mercaderes hicieron una ofrenda de lámparas y perfumes y rogaron al dios al que suponían responsable del contratiempo. La devî se les apareció, les ordenó que hiciesen una ofrenda de comida al Buddha y soltó los carros. Los mercaderes, llenos de alegría, se dirigieron a él con una ofrenda de miel. Pero Buddha no tenía cuenco de limosnas, ya que el cuenco de Brahmâ, dado cuando Sujâta le ofreció el arroz con leche, había desaparecido, y el plato de oro que ella misma le había dado había sido transportado al país de las Serpientes. Por eso los dioses guardianes de las cuatro partes del mundo aparecieron con cuencos de esmeralda, y cuando Buddha no quiso aceptarlos le ofrecieron cuencos de piedra. Entonces, como todos deseaban que su cuenco fuese el elegido,

Buddha tomó los cuatro y los hizo aparecer como uno solo. En ese cuenco recibió la miel, y a cambio enseñó la *triple fórmula* a los mercaderes, que se convirtieron en discípulos laicos. También recibieron de él un mechón de cabellos como reliquia.

Durante la octava semana, Buddha permaneció sentado bajo el árbol Ajapâla, y allí reflexionó que la doctrina es profunda, mientras que los hombres no son buenos ni sabios. Le pareció inútil proclamar la ley a los que no podían entenderla. Pero Brahmâ, percibiendo su duda, gritó: «¡El mundo perecerá!», y su grito fue repetido por los devas del viento y de la lluvia, y por todos los otros innumerables brahmâs y devas. Entonces Brahmâ apareció ante Buddha y dijo: «Mi señor, la Buddheidad es difícil de alcanzar; pero tú la has alcanzado a fin de poder liberar de la existencia a los seres del mundo; por lo tanto, proclama la ley para que esto pueda suceder. ¡Oh sabio, deja que el *dharma* sea enseñado!». Entonces Buddha accedió a ello, y buscó a alguien a quien poderle predicar por primera vez. Primero pensó en dos de sus antiguos discípulos, pero se dio cuenta de que estaban muertos. Así pues, partió hacia Benarés, con la intención de instruir a los cinco ermitaños con los que anteriormente había practicado austeridades.

Los ermitaños de Benarés

Cuando los cinco ermitaños lo vieron venir de lejos, dijeron: «Siddhârtha ha recuperado su fuerza y su belleza; acude a nosotros, sin haber logrado cumplir su penitencia. Como es de estirpe real, le ofreceremos asiento, pero no nos levantaremos ni iremos a recibirlo». Buddha percibió sus pensamientos y dirigió hacia ellos su amorosa benevolencia. Inmediatamente, al igual que una hoja seca es arrastrada irresistiblemente por un torrente, también ellos, sin poder resistirse a ello, dominados por la fuerza de su amor, se levantaron y fueron a rendirle homenaje. Le lavaron los pies y preguntaron por su salud, y él les informó de que se había convertido en un Buddha Supremo. Entonces el universo entero se alegró, sabiendo que la Ley se iba a predicar por primera vez. La noche, en forma de una hermosa dama, acudió a venerarlo; el monte Meru bailaba de alegría; las siete cadenas montañosas se inclinaron ante él; y los seres de todos los mundos se reunieron para recibir el néctar de la buena doctrina. Fueron formando círculos, cada vez más densos a causa de los recién llegados, hasta que al final estaban tan apretados que cien mil devas no ocupaban más espacio que la punta de un alfiler; todos los cielos de los devas y los brahmâs se vaciaron. El sonido era como el de una tormenta, pero cuando los señores de los diversos cielos soplaron en sus caracolas se produjo un silencio absoluto. Entonces Buddha habló:

«Hay dos cosas», dijo, «que debe evitar el que se hace ermitaño, a saber, los deseos reprobables y la mortificación del cuerpo». Este fue el tema del primer discurso, y a cada oyente le pareció que era pronunciado en su propia lengua, y toda clase de animales lo oyeron con la misma impresión. Miriadas de devas entraron en el primero, en el segundo, en el tercero y en el cuarto camino.

La predicación de Buddha

A partir de aquel momento, Buddha hizo girar la Rueda de la Ley, es decir, predicó la Buena Doctrina a todos los que le escucharon. Convirtió a los adoradores del fuego mediante muchos milagros; Bhîmasaha, el rey de Râjagriha, se hizo discípulo suyo. Buddha también visitó su ciudad natal. Así fue como tuvo lugar la visita. El rey Suddhodhana, cuando se enteró de que su hijo se había convertido en Buddha, envió una embajada de nobles para pedirle que visitara Kapilavastu; pero todos los nobles, al escuchar la doctrina de Buddha, se convirtieron en discípulos suyos y se quedaron con él. Lo mismo ocurrió con otras muchas embajadas. Finalmente el rey envió a un mensajero de toda confianza, el noble Kaludâ, que había sido compañero de juegos de Buddha desde la infancia. También él se convirtió en discípulo, pero cuando llegó la primavera y los caminos se llenaron de verdor y los árboles florecieron, fue a ver a Buddha y empezó a hablar de Kapilavastu. «Tu padre espera que vayas», dijo, «como el nenúfar espera que salga el sol; y las reinas te esperan, como el lirio nocturno espera a la luna». Buddha vio que había llegado el momento adecuado para visitar su ciudad natal. El rey preparó un hermoso jardín para que Buddha estuviese a gusto. Finalmente éste llegó, rodeado de no menos de veinte mil sacerdotes, sus discípulos. Al principio los príncipes Shâkya no quisieron rendirle homenaje; pero él se elevó en el aire y primero hizo brotar de su cuerpo corrientes de agua que se extendieron por la totalidad de los diez mil mundos, y rociaron a todos los que lo deseaban; después hizo brotar fuego, que se extendió por todo el universo pero no quemó ni una telaraña. Luego realizó otros prodigios; entonces Suddhodhana rindió homenaje a su hijo, diciendo:

«Mi señor, mi Buddha, mi príncipe Siddhârtha, aunque soy tu padre, nunca más volveré a llamarte hijo mío; no soy digno de ser tu esclavo. Si te ofreciera mi reino, para ti no sería más que cenizas». Cuando el rey se inclinó, los príncipes también lo hicieron, como un bosque de bambúes que se inclinara ante el viento.

Al día siguiente Buddha se dirigió a la ciudad para pedir limosna. A cada paso que daba surgía una flor de loto bajo sus pies y se desvanecía cuando él seguía adelante; rayos de luz brotaban de su cabeza y su boca; y a causa de todas estas maravillas todos los habitantes de la ciudad fueron a su encuentro. Todos se sorprendieron mucho, pues hasta aquel momento su manera

de pedir limosna era desconocida. Cuando Yashodarâ
se enteró fue a la puerta del palacio y rindió homenaje
a Buddha, diciendo: «Oh Siddhârtha, la noche en que
nació Râhula te marchaste en silencio y rechazaste tu
reino; ahora tienes, en cambio, un reino más glorioso».
El rey reconvino a Buddha por buscar comida de aquella manera, pero él replicó: «Es la costumbre de mi
raza», queriendo decir de todos los Buddhas anteriores. Entonces se dirigió al rey y le enseñó la Ley, y
el rey entró en el primer y el segundo camino, convir-
tiéndose en discípulo de Buddha.

La princesa se consuela

El rey entonces mandó informar a Yashodarâ de
que también podía venir a honrar a Siddhârtha. Pero
Buddha se dirigió a su palacio; por el camino informó
a sus discípulos Seriyut y Mugalâna de que la princesa
obtendría la Liberación. «Está afligida por mí», dijo,
«y se le partirá el corazón si su pena no se alivia. Se
aferrará a mis pies, pero no se lo impidáis, porque al
final ella y sus compañeras abrazarán la Ley».

Cuando Yashodarâ supo que Buddha se acercaba, se cortó el cabello y salió a recibirle vestida con ropas humildes, seguida por quinientas de sus damas. A causa de su abundante amor, era como un recipiente que rebosaba y no podía contenerse; olvidando que sólo era una mujer, se arrojó a los pies de Buddha y se le abrazó, llorando. Pero recordó que su suegro estaba presente, e inmediatamente se levantó y se quedó un poco aparte. En efecto, ni siquiera Brahmâ puede tocar el cuerpo de un Buddha; pero él consintió que Yashodarâ lo hiciera. El rey habló de su fidelidad. «Esto no es una expresión repentina de su amor», dijo, «porque durante todos estos siete años ha hecho lo que tú hacías. Cuando se enteraba de que tú te habías afeitado la cabeza, o de que vestías pobremente, o de que sólo comías a horas fijas y en un cuenco de barro, ella hacía lo mismo, y ha rechazado todas las ofertas de matrimonio. Por lo tanto, perdónala». Entonces Buddha explicó que, en una vida anterior, Yashodarâ había formulado el deseo de ser la esposa de un Buddha y que, en lo sucesivo, durante muchas épocas, había sido su compañera y su sostén. La princesa se consoló mucho al oír estas palabras. Poco después Râhula fue admitido en la orden de monjes. Buddha, sin embargo, rehusó admitir a Yashodarâ en la orden sacerdotal. Muchos años más tarde instituyó la orden de monjas budistas, en la que Yashodarâ fue admitida; y ella, que había nacido el mismo día que Buddha, alcanzó el Nirvâna dos años antes de la muerte de él.

Buddha visita el cielo Tavatimsa

En otra ocasión Buddha visitó el *devaloka* o cielo conocido con el nombre de *Tavatimsa* y permaneció allí durante tres meses. Indra se apresuró a preparar su trono para que Buddha se sentara en él, pero temía que fuese demasiado grande; y, en efecto, medía quince leguas de altura, mientras que la altura de Buddha era de doce codos. No obstante, en cuanto Buddha se acercó, el trono se encogió hasta adquirir la altura adecuada. Pero conservó la longitud original, y Buddha hizo el milagro de extender su manto por todos lados hasta una distancia de más de mil millas, de modo que el trono parecía un asiento expresamente preparado para un predicador. Los devas, guiados por Matru, que recientemente había sido la madre de Buddha, pidieron a éste que expusiera el *abhidharma*[3]. Muchas miriadas de devas y brahmâs entraron en los caminos.

Cuando llegó el momento de que Buddha regresara a la tierra, Indra hizo que tres escalas se extendieran desde el cielo hasta la tierra, dos de oro y una de plata. En una de las escalas de oro, que tenía los peldaños alternativamente de oro, plata, coral, rubí, esmeralda y otras gemas, descendió Buddha, precedido por Indra, que soplaba su caracola. Por la otra escala de oro descendieron los devas con instrumentos de música; y por la escala de plata los brahmâs, que llevaban parasoles. Así regresó Buddha a su ermita.

Buddha impide una guerra

En cierta ocasión Buddha impidió una guerra que estaba a punto de estallar entre los Shâkyas y los Kolis. Entre las ciudades de Kapilavastu y Koli corría

---

3. La tercera parte del canon budista.

el río Rohini. En el río habían construido una presa que permitía regar sus campos a la gente de ambos países. Sucedió que hubo una gran sequía, y los agricultores de cada uno de los bandos pretendían tener el derecho exclusivo a la poca agua que quedaba. Los reclamantes rivales se lanzaron mutuamente los peores insultos; y el asunto llegó a oídos de los príncipes de cada país, muy exagerado por los rumores, y condujo al estallido de la guerra. Las cosas habían llegado tan lejos que los ejércitos de los Shâkyas y los Kolis estaban acampados uno frente al otro en las orillas opuestas del menguado río. En este punto crítico, Buddha percibió lo que ocurría y, trasladándose por el aire y al mismo tiempo haciéndose visible, llegó al lugar de la batalla. Los Shâkyas arrojaron las armas en señal de respeto hacia él, a quien consideraban la joya de su raza, y los Kolis siguieron su ejemplo. Buddha preguntó si se habían reunido para celebrar una fiesta en el agua y, cuando le informaron de que era para efectuar una batalla, preguntó la causa de ello. Los príncipes dijeron que no estaban muy seguros, pero que se lo preguntarían a los generales; éstos a su vez preguntaron a los oficiales, y así sucesivamente hasta que llegaron a los agricultores que habían estado en el origen del conflicto. Cuando informaron a Buddha de que la causa de la guerra era el valor del agua, el Maestro preguntó cuál era el valor de ésta, y, cuando le dijeron que era muy pequeño, preguntó cuál era el valor de los hombres, y le dijeron que era muy grande. «¿Por qué, entonces», preguntó, «os proponéis tirar eso que tiene tan gran valor por algo que tiene tan poco?».

Este convincente argumento bastó para poner fin al litigio.

Al mismo tiempo se decidió que doscientos cincuenta príncipes de cada bando se hicieran discípulos de Buddha. Lo hicieron de mala gana y no por propia iniciativa. Sus mujeres, asimismo, en cuanto se enteraron de ello se quejaron amargamente. Pero Buddha logró hacer cambiar de idea a los príncipes, y no pasó mucho tiempo sin que entraran en los caminos de la Liberación y llegaran a ser *arhats*[4]. Se quedaron completamente indiferentes cuando sus esposas enviaron nuevos mensajes implorándoles que volvieran a su casa.

---

4. Monje budista que ha alcanzado la iluminación.

La admisión de las mujeres

Este asunto dio lugar a la primera admisión de mujeres en la orden monástica: las esposas de los quinientos príncipes, junto con la reina madre Prajâpatî, coesposa con Mâyâdevî y ahora viuda de Suddhodhana, que había muerto hacía poco. Prajâpatî solicitó que estas mujeres fuesen admitidas en la orden monástica. Buddha rechazó su petición tres veces, tras lo cual ella no quiso volver a plantearla. Pero, una vez de regreso en casa, las damas decidieron actuar con más energía; se cortaron el cabello, se cubrieron con ropas humildes y partieron a pie hacia el lugar en que residía Buddha. Las damas, que estaban acostumbradas a caminar sobre suave mármol y a estar protegidas del calor del sol y la violencia del viento, pronto estuvieron agotadas y llegaron al eremitorio débiles y a punto de desmayarse. De nuevo Prajâpatî solicitó ser admitida. Ânanda intercedió por ellas a causa de las penalidades que habían sufrido. Buddha todavía se negó. Entonces Ânanda preguntó si una mujer podía entrar en los caminos y alcanzar la Liberación. Buddha sólo pudo contestar preguntando si los

Buddhas habían nacido en el mundo únicamente en beneficio de los hombres. «La vía está abierta tanto para las mujeres como para los hombres», dijo. Ânanda le recordó que en una ocasión anterior había anunciado que en un futuro las mujeres serían admitidas. Buddha vio entonces que había llegado el momento de establecer una orden de monjas. Su reluctancia se había debido a que sabía que el hecho de hacerlo provocaría dudas y maledicencias en torno a su orden por parte de los que aún no eran seguidores suyos.

Devadatta conspira

El ministerio de Buddha no dejó de tener alguna oposición. No sólo estaban los filósofos brâhmanes que a menudo eran incisivos adversarios suyos en las controversias, sino que su primo Devadatta, que a lo largo de innumerables nacimientos pasados había sido su enemigo acérrimo, incluso intentó matarlo. Aunque Devadatta había alcanzado grandes poderes por medio de la meditación y el ascetismo, debido a su naturaleza malvada, estos poderes, lejos de ayudarle en el camino hacia la Liberación, lo arrastraron a su completa ruina. Se estableció en la corte del rey de Sewet, con quinientos monjes propios, y, con el apoyo del príncipe Ajasat, obtuvo una gran influencia. Por consejo de Devadatta, Ajasat intentó primero asesinar a su padre con violencia, y luego lo hizo morir de hambre, a fin de conseguir el reino para sí. Poco después de la ascensión al trono de Ajasat, Devadatta pidió un grupo de quinientos arqueros para matar a Buddha. Eligió a treinta y uno de ellos y ordenó al primero que matara a Buddha, a los dos siguientes que mataran al primero, a los cuatro siguientes que mataran a los dos anteriores, y a los dieciséis últimos pensaba matarlos él mismo, para que el asunto quedara en secreto. Buddha, sin embargo, aunque conocedor de sus intenciones, recibió al primero y a todos los demás arqueros sucesivamente con gran bondad y les predicó su doctrina, con lo que entraron en el camino de la Liberación y se hicieron monjes. En otra ocasión, el propio Devadatta arrojó una gran roca sobre Buddha mientras éste caminaba al pie de un elevado risco, pero la roca se partió en dos pedazos y tan sólo ocasionó una herida insignificante en el pie de Buddha.

Posteriormente Devadatta preparó un plan más elaborado. Había un feroz elefante llamado Malagiri, que estaba acostumbrado a beber cada día ocho medidas de cerveza. Devadatta ordenó que un día determinado el elefante recibiera dieciséis medidas; también se publicó un edicto real que ordenaba que nadie permaneciera en las calles; se esperaba así que el elefante matara a Buddha cuando éste saliera a pedir limosna. La noticia de estos hechos llegó a tiempo a Buddha, pero él no quiso cambiar su costumbre; y al día siguiente todos los balcones estaban atestados de amigos y enemigos de Buddha, los primeros ansiosos de contemplar su victoria, y los segundos esperando su muerte. Cuando Buddha se aproximó, soltaron al elefante, que pronto empezó a destruir las casas y a dar otras muestras de su malvado carácter. Los monjes suplicaron a Buddha que escapara, ya que era evidente que el elefante ignoraba sus méritos. Entonces, muchos monjes pidieron permiso para colocarse delante de Buddha para protegerlo; pero él replicó que su poder era una cosa, y el de sus discípulos, otra.

Cuando finalmente Ânanda se obligó a ir delante, Buddha, con el poder de su voluntad, le hizo permanecer detrás. En aquel momento una niña salió corriendo de una casa y el elefante estuvo a punto de matarla; pero Buddha gritó: «Tú no tenías que atacar a nadie más que a mí; no malgastes tu fuerza con ningún otro». Cuando el elefante vio a Buddha toda su furia se calmó, se le acercó mansamente y se arrodilló ante él. Buddha exhortó al animal a no hacer nunca daño a nadie y a ser bueno con todos; y el elefante repitió los cinco mandamientos en voz alta en presencia de toda la gente. Ciertamente, si no hubiese sido una criatura de cuatro patas podría haber entrado en el camino hacia la Liberación. Cuando la gente vio este prodigio, el ruido de los aplausos y los gritos fue como el mar o el trueno. Cubrieron de joyas al elefante y ochenta y cuatro mil personas entraron en el camino. Poco después de esto Ajasat se convirtió y se hizo defensor del partido de Buddha. Cuando Ajasat partió del monasterio tras este acontecimiento, Buddha observó: «Si el rey no hubiese asesinado a su padre, hoy podría haber entrado en el primer camino. De todos modos, se salvará del infierno más profundo, donde, de otro modo, habría tenido que permanecer una era entera. Estará sesenta mil años en los demás infiernos; después, tras largas épocas pasadas con los dioses, nacerá en la tierra y se convertirá en un Buddha solitario».

Devadatta había caído en desgracia, pero aún odiaba más a Buddha. Con todo, consiguió reunir otro grupo de discípulos, quinientos en total. Pero Buddha mandó a dos de sus seguidores más sabios a predicar a los de Devadatta; y, mientras éste dormía, todos se marcharon para seguir a Buddha. Entonces Devadatta se puso enfermo, y lo estuvo durante nueve meses, tras lo cual decidió ir a solicitar el perdón de Buddha.

Buddha no guardaba rencor a Devadatta, pero advirtió a los monjes: «Devadatta no verá al Buddha; sus crímenes son tan grandes que ni siquiera mil Buddhas podrían salvarlo». Devadatta, transportado en su palanquín, fue acercándose al monasterio de Buddha; pero cuando puso los pies en el suelo ante la entrada, surgieron unas llamas del infierno más profundo que envolvieron su cuerpo, primero los pies, luego el tronco y después los hombros. Llamó a Buddha pidiendo ayuda y repitió un verso de un himno, con el que aceptaba las tres joyas, el Buddha, la Ley y la Orden; y esto le ayudará en el futuro, aunque fue al infierno y recibió un cuerpo de fuego de mil seiscientas millas de altura.

La Liberación Final de Buddha

La muerte de Buddha, llamada *Parinirvâna*, o Liberación Final, ocurrió del modo siguiente. En el año cuarenta y cinco de su ministerio Buddha sufrió una grave enfermedad y declaró que no iba a vivir mucho más tiempo. Cuando residía en la ciudad de Pâwa fue agasajado por un buen herrero llamado Chunda. Éste preparó una ofrenda de cerdo, que fue la causa de una enfermedad que terminó en la muerte. Buddha estaba muy débil, y aunque partió hacia Kushinagara, tuvo que descansar muchas veces durante el trayecto. Todo esto lo soportó para que los demás recordaran que nadie está exento de la vejez, el deterioro y la muerte. Finalmente el Buddha llegó a la ciudad y allí se dirigió a Ânanda con estas palabras: «Informa al herrero Chunda de que su ofrenda tendrá una gran recompensa, pues será la causa inmediata de que yo alcance el *Nirvâna*. Hay dos ofrendas que tendrán una gran recompensa: una la dio la noble Sujâta antes de que yo alcanzara la sabiduría suprema, la otra la acaba de hacer Chunda. Estos son los dones más importantes». El Buddha habló así para que Chunda no sintiera remordimientos ni los demás le culparan; pero dio órdenes estrictas de que enterraran el resto de la ofrenda. Buddha se tendió en un lecho en un bosquecillo de árboles *sâl* próximo a Kushinagara. Envió un mensaje a los príncipes Malwâ informándoles de su llegada, sabiendo cuán grande sería su dolor si moría sin que ellos pudieran verlo una vez más. Así, un gran número de reyes y príncipes, nobles y damas de la corte, además de innumerables monjes y los devas y brahmâs de diez mil mundos, se reunieron alrededor del lecho de muerte de Buddha. Todos lloraban y se retorcían las manos y se prosternaban llenos de dolor. Esta ocasión ha sido tema de numerosas pinturas, similares en sentimiento a la *Pietas* cristiana.

Buddha preguntó si los monjes tenían alguna última pregunta que hacerle; pero como no tenían duda alguna sobre ningún punto, permanecieron en silencio. Un brahmán de Kushinagara, sin embargo, llegó con el deseo de discutir algunas cuestiones; Buddha quiso recibirlo, y el brahmán acabó haciéndose discípulo suyo.

Ninguno de sus discípulos estaba más afligido que Ânanda. Buddha le había dado instrucciones sobre su entierro y sobre las reglas que habían de observar los monjes y las monjas. Entonces dijo: «Ahora parto hacia el Nirvâna; os dejo mis preceptos; los elementos del omnisciente desaparecerán, pero las tres joyas permanecerán». Pero Ânanda rompió a llorar desconsoladamente. Entonces Buddha continuó: «Oh Ânanda, no te dejes alterar; no llores. ¿Acaso no te he enseñado que debemos separarnos de todo lo que es más querido y agradable para nosotros? Absolutamente ningún ser nacido o creado puede vencer la tendencia a la disolución inherente en sí mismo; una condición de permanencia es imposible. Durante mucho tiempo, Ânanda, tu bondad en obras, pensamientos y palabras te ha acercado mucho a mí. Siempre has actuado bien; persevera, y tú también obtendrás la perfecta libertad de esta sed de vida, esta cadena de ignorancia». Entonces se volvió hacia los demás presentes y les encomendó a Ânanda. Dijo también que ni el menor de los presentes que habían entrado en el camino hacia la Liberación fracasaría nunca del todo, sino que finalmente triunfaría y alcanzaría el Nirvâna. Después de una pausa, añadió: «Mendicantes, quiero que os quede grabada esta idea: que las partes y los poderes del hombre deben disolverse; esforzaos con diligencia para lograr vuestra salvación». Poco después el Buddha perdió el conocimiento y murió.

Los príncipes Mâlwâ, cuando se hubieron recuperado un poco de su dolor, envolvieron el cuerpo en muchos pliegues de la tela más fina, y durante seis días el cuerpo permaneció expuesto. Luego se quemó en una pira magnífica, en la sala de la coronación de los príncipes. Estos fueron incapaces de prenderle fuego, pero finalmente se encendió por sí misma. El cuerpo se consumió completamente y sólo dejó las reliquias, como un montón de perlas. Las principales, posteriormente conservadas en monumentos gloriosos, eran los cuatro dientes, los dos huesos de los pómulos y el cráneo.